SEKUNDARSTUFE I

Raquel López Catalán
Marta García García
Lena Schuett
Katharina Verrière

Binnendifferenzierte Sprechanlässe **im Spanisch-Unterricht**

Lernjahre 1 – 4

Cornelsen

Die Autor/innen:

Raquel López Catalán war Dozentin für Didaktik der Romanischen Sprachen an der Universität Bielefeld. Aktuell ist sie Lehrerin für Spanisch und Französisch an einer IGS in Göttingen. Ihre Forschungsschwerpunkte sind die Förderung der Schreibkompetenz sowie die Aufgabenorientierung mit heterogenen Gruppen in der Sekundarstufe.

Marta García García ist Juniorprofessorin für Didaktik der Romanischen Sprachen mit dem Schwerpunkt Spanisch an der Universität Göttingen. Einer ihrer Schwerpunkte liegt in der Förderung und Evaluation der mündlichen Interaktion.

Lena Schuett ist Lehrerin für Englisch und Französisch in der Sek I und II. Seit Anfang 2019 arbeitet sie an der Erwachsenenschule Bremen.

Katharina Verrière ist Lehrerin für Englisch und Mathematik an einem Berufskolleg.

Projektleitung: Juliane Maaß, Berlin
Redaktion: Louisa Pabst, Glienicke/Nordbahn
Umschlaggestaltung: Corinna Babylon, Berlin
Umschlagfoto: stock.adobe.com/ylivdesign
Illustrationen: Dorina Tessmann, Berlin
Illustrationen Fußzeilen (Innenteil): Dorina Tessmann (Kaktus, Orange, La Sagrada Familia de Barcelona, Pyramide aus Chichen Itzá); stock.adobe.com/ylivdesign (Fächer, Gitarre, Fußball)
Layout/technische Umsetzung: fotosatz griesheim GmbH, Griesheim

www.cornelsen.de

1. Auflage 2019

Druck: Athesiadruck GmbH, Bozen

ISBN 978-3-589-16618-3

PEFC/18-31-166

PEFC zertifiziert
Dieses Produkt stammt aus nachhaltig bewirtschafteten Wäldern und kontrollierten Quellen.

www.pefc.de

Inhaltsverzeichnis

Vorwort

Der Großteil der alltäglichen kommunikativen Situationen wird beim Reden – und zwar beim interaktiven Reden mit anderen – gelöst: Pläne machen, Geschichten erzählen, Meinungen austauschen, sich Ratschläge einholen und geben... alles findet im Gespräch statt. Vielmehr als durch andere kommunikative Handlungen (wie z.B. Nachrichten hören oder zwischen Sprechern vermitteln) etablieren wir durch das Sprechen unsere sozialen Beziehungen und nehmen an der Gesellschaft teil. Daher stellt die Förderung der Sprechkompetenz, um die Schüler an einer neuen Sprachgemeinschaft „teilnahmefähig" zu machen, eine zentrale Aufgabe des Fremdsprachenunterrichts dar. Die Lernenden zum Sprechen zu bringen – und dies möglichst spontan und motivierend –, ist aber auch, besonders in großen Klassen, eine der größten Herausforderungen für Fremdsprachenlehrkräfte.
Darüber hinaus gehört das „zusammenhängende monologische Sprechen", d.h. das Vortragen und Präsentieren von Inhalten vor einem Publikum, zu den häufigsten und komplexesten Textgattungen, die sowohl in der Schule als auch in beruflichen und akademischen Kontexten zu meistern sind. Dies in der Fremdsprache zu tun, verlangt ein gezieltes und konsequentes Training, für das oft die Zeit und die auf die Schüler zugeschnittenen Anregungen fehlen.
Nicht zu vergessen ist die Tatsache, dass alle Lerngruppen heterogen sind, und dies ein zentraler Faktor für die Planung der Sprechaufgaben im Fremdsprachenunterricht ist. Die hier vorliegende Aufgabensammlung hat daher zum Ziel, so viele Interessen, Begabungen und Lernvoraussetzungen wie möglich zu berücksichtigen.

Es werden zum einen kurze *actividades de calentamiento* (s. S. 6 ff.) und zum anderen komplexere *actividades de interacción y producción* angeboten. Hierbei wird zwischen den Kompetenzen „an Gesprächen teilnehmen" (*juegos de rol y diálogos*, s. S. 16 ff.) und „zusammenhängendes monologisches Sprechen" (*presentaciones*, s. S. 33 ff.) unterschieden. Jede Aktivität verfügt über binnendifferenzierende Elemente. So werden sprachliche und grammatikalische Unterstützungskarten angeboten und neben der „normalen" Aufgabenstellung auch Optionen für „tapfere" Schüler formuliert. Mit dem Begriff „Tapfere" haben wir versucht, eine alternative, neutrale Bezeichnung für „leistungsstarke" bzw. „schnelle" Schüler zu finden. Dieses Wort ist u. E. wertfreier und motivierender für junge Lerner.

Zudem enthalten einige *actividades* zusätzliche Differenzierungsangebote bezüglich der Schülerinteressen und Lernertypen.
Dieses Vorgehen soll gewährleisten, dass alle Lernenden optimal auf die Anforderungen der Aktivität vorbereitet werden, um einen bestmöglichen, individuellen Kompetenzzuwachs erreichen zu können.

Die **binnendifferenzierenden Elemente** sind auf den Arbeitsmaterialien folgendermaßen gekennzeichnet:

Unterstützungskarten 

Unterschiedliche Schwierigkeitsstufen 

Unterschiedliche Interessen/Lernertypen 

Die Unterstützungskarten sind zum einen jeweils direkt unterhalb der Aufgabenstellungen zu finden. Sie können durch Knicken des Blattes nach Bedarf versteckt werden. So finden die Schüler die Aufgabenstellung auf der Vorder- und die explizit formulierte Unterstützung auf der Rückseite des Blattes. Diese Knicklinien werden folgendermaßen symbolisiert:

knicken- dobla aquí -

Zum anderen sind weitere Unterstützungskarten in Form von generellen Hilfestellungen im hinteren Teil des Heftes zu finden. Diese sind durchnummeriert. Die Nummer, die auf dem Rucksack-Symbol steht, zeigt an, welche Unterstützungskarte für die jeweilige Aufgabe angeboten werden kann. Diese Zuordnungen sind als Vorschläge zu verstehen; es können demnach noch weitere Karten je nach Bedarf angeboten werden. Die Unterstützungskarten sind somit aufgabenübergreifend und können an verschiedenen Stellen eingesetzt werden. Daher bietet es sich unter Umständen an, die Unterstützungskarten einzulaminieren, da sie mehrfach, auch außerhalb des Bandes, genutzt werden können.

Des Weiteren werden in den *actividades de calentamiento* für das dialogische und zusammenhängende monologische Sprechen kleinere Übungen thematisiert, die entweder für sich alleine stehend oder im Rahmen von komplexeren *actividades* genutzt werden können. Es werden lediglich *actividades de calentamiento* angeboten, die auch alle den anderen Vorschlägen vorgeschaltet werden können.

Manche Aktivitäten beinhalten Arbeitsblätter, die zunächst kopiert und dann ausgeschnitten bzw. geknickt werden müssen. Auch hierauf wird mithilfe von Symbolen hingewiesen:

aus-/durchschneiden ✂ -

Rollenspiele, Dialoge sowie Präsentationen sollen im Anschluss reflektiert und unter Umständen auch bewertet werden bzw. in Form von Audioaufnahmen in dem individuellen *mündlichen Portfolio* landen. Um hierfür eine Auswahl der eigenen Audios zu treffen, können die Reflektions- und Bewertungsbögen ab Seite 53 Abhilfe leisten: Die Bögen können von den Schülern untereinander oder zwischen der Lehrperson und den Lernenden ausgefüllt werden.

Die vorgesehene Klassenstufe kann der Übersicht im Inhaltsverzeichnis entnommen werden. Es handelt sich bei den Angaben immer um ungefähre Einschätzungen; je nach Klasse und Schwerpunktsetzung können diese variieren. Generell gilt, dass die *actividades* unabhängig und flexibel eingesetzt oder aber an bestimmte *Unidades* des Lehrwerks angeknüpft werden können.
Letztendlich geht es darum, durch motivierende Aktivitäten und kalkulierte Herausforderungen die Hemmungen abzubauen und die Freude am Sprechen zu wecken oder weiter zu unterstützen. Denn Sprechanlässe gibt es immer mehr als genug.

Marta García García und Raquel López Catalán, Februar 2019

Anmerkung

Zur Bezugnahme auf Personen werden Substantive und Pronomina generisch gebraucht. Wenn also von „Schülern", „alumnos", „profesor"... gesprochen wird, sind damit männliche und weibliche Personen in gleicher Weise gemeint.

Actividades de calentamiento

Die *actividades de calentamiento* sollen die Schüler auf das Sprechen in der spanischen Sprache einstimmen und können thematisch und sprachlich die anschließende *actividad* vorentlasten. Diese *actividades de calentamiento* können allgemein zu Beginn einer Unterrichtsstunde genutzt werden (zum Beispiel in Omnium-Kontakt) oder aber als Einstimmung auf die Dialoge bzw. die Präsentationen mit einem jeweiligen thematischen Fokus (z. B. Austausch vorbereiten, Party, Urlaub...) eingesetzt werden, um die Aktivität sprachlich vorzuentlasten.

Die ersten zwei Übungen

- *Hola, ¿qué tal?*
- *Cosas que me gustan*

sind Kopiervorlagen, die jeweils an die Schüler ausgeteilt werden. Hier geht es darum, spontan in einen spanischen Alltagsdialog einzusteigen. Hierzu stehen den Schülern ein Wortfeld und ein bis zwei Beispieldialoge zur Verfügung. Die Schüler sollen aber auf jeden Fall motiviert werden, sich zuerst Gedanken darüber zu machen, was sie in so einer Situation gerne sagen würden. Wenn die Lernenden ein Wort brauchen, das im Wortfeld nicht vorhanden ist, können sie von der Lehrkraft angeregt werden, ihre Kenntnisse von anderen Sprachen im Sinne einer Mehrsprachigkeitsdidaktik zu aktivieren. Zudem können die Schüler sich weitere Fragen stellen bzw. mehr Details bieten: Anregungen dazu stehen ebenfalls auf dem Blatt. Zuletzt gibt es Hilfen in Form von Unterstützungskarten (s. Nummern auf dem Rucksacksymbol).

Die folgenden fünf Aktivitäten

- *El tren de las palabras*
- *Yo nunca he...*
- *Había una vez*
- *"Esquéchame"*
- *Los porteros cotillas*

haben Spielcharakter und bieten daher Spielmaterial in Form von Kärtchen, die vorab ausgeschnitten werden müssen. Je nach Schwerpunkt der Übung werden Vokabeln wiederholt, grammatische Strukturen aufgefrischt oder Dialog- sowie Gesprächsmittel angewendet.

Die zwei Aktivitäten *(Microcharlas locas, ¿Hablamos? s. S. 15)* sind mit einer Anleitung für die Lehrkraft versehen, wobei diese auch den Schülern gezeigt bzw. an sie ausgeteilt werden können. Die Anleitungen sind auf Spanisch formuliert, damit die Schüler die Erklärungen samt den dazugehörigen Unterstützungen als Arbeitsauftrag umsetzen können. Alternativ könnten diese auch an der Tafel aufgeschrieben werden bzw. auf einem Overheadprojektor gezeigt werden. Insbesondere eignen sich diese Übungen dazu, sich auf die folgenden komplexeren Aufgabenformate einzustimmen.

Hola, ¿qué tal? 

Actividad: Saluda a tu compañero y pregúntale qué va a hacer hoy. Después despídete.

Ejemplo 1:
A : ¡Hola! ¿Qué tal?
B : ¡Hola! Oye, ¿qué vas a hacer hoy después de clase?
A : Tengo deporte.
B : ¿Sí? ¡Yo también! ¿Vas a natación?
A : No, tengo entrenamiento de fútbol.
B : Ah, vale. ¡Pues pásalo bien!
A : ¡Gracias! ¡Hasta luego!
B : ¡Hasta luego!

Ejemplo 2:
A : ¡Hola! ¿Qué tal?
B : ¡Hola! Oye, ¿qué vas a hacer hoy?
A : Nada especial. Primero voy a hacer los deberes y después... no sé, quizás navegar por internet.
B : Ah, entonces después podemos wasapear, ¿no?
B : Sí, vale, ¡hasta luego!
A : ¡Hasta luego!

Puedes dar o pedir más detalles sobre:
- el tipo de deporte, instrumento, juego, libro...
- con quién va a hacer la actividad.
- si va a hacer otra cosa después.
- si podéis hacer la actividad juntos.

------------------------------ dobla aquí ------------------------------

Saludar (de manera informal)	
¡Hola! + ¿Qué tal? ¿Todo bien? ¿Cómo te va?	
Despedirse (de manera informal)	
¡Hasta luego! ¡Adiós, nos vemos luego!	(si os vais a ver después)
¡Adiós! ¡Adiós, hasta otra!	(si no os vais a ver después)
¡Que te diviertas! ¡Pásatelo bien!	

Cosas que me gustan

Actividad: Habla con un compañero sobre las cosas que te gustan y las que no te gustan. Si tenéis cosas en común, podéis hacer planes juntos.

Diálogo de ejemplo:

A : ¿A ti te gusta leer cómics?
B : Uf, no, no me gusta nada. ¿Y a ti?
A : A mí sí, me encanta. Tengo muchísimos cómics en casa. ¿Y te gusta escuchar música?
B : Sí, eso me gusta mucho.
A : A mí también. Me gustan mucho Ariana Grande y Rihanna.
B : Sí, a mí también.
A : ¿Quieres venir esta tarde a mi casa? Podemos ver vídeos en internet.
B : ¡Sí, genial!

Puedes dar o pedir más detalles sobre:

- el tipo de música, libros, películas… que le gusta.
- cuándo practica la actividad.
- por qué le gusta.

El tren de las palabras

Actividad: Formad dos equipos en clase y sentaos en dos filas. Cada equipo tiene una pila de tarjetas. La primera persona de un equipo toma una tarjeta y explica a su grupo el significado de la palabra en negrita, con ayuda de las otras dos palabras de la tarjeta y de las expresiones de la tabla de ayuda. Si es correcto, pasa al último lugar de su fila y la segunda persona al primero (rotación). Si es incorrecto, el jugador queda eliminado. El siguiente equipo hace lo mismo.
El juego termina cuando se agotan las tarjetas de cada equipo o cuando ya no quedan más jugadores. Gana el equipo con más jugadores "en el campo".

Variante: Además de explicar el significado, podéis inventar una frase con esa palabra. El jugador que lo haga, consigue una "vida" para su equipo y uno de los jugadores eliminados puede volver a entrar.

-- dobla aquí--

Explicar la categoría	Es algo para... Es una cosa que sirve para... Es una persona que hace... Es un lugar que está... Es algo/una actividad que haces cuando... Con esto puedes...	**Describir el concepto**	Es como... Es algo pequeño/grande... Es una palabra para expresar...

boli escribir escuela	**perro** mascota pasear	**panadería** comer cruasán
naranja zumo fruta	**escuela** profes alumnos	**ropa** pantalón falda
leer libro mensajes	**mate** bebida Argentina	**chatear** amigos internet
novio/-a amor sentimiento	**coche** conducir rápido	**tele** ver películas
partido jugar fútbol	**deberes** escuela asignaturas	**bicicleta** ruedas holandesa

estuche boli gomas	**goma** borrar lápiz	**recreo** libre entre clases
pizarra escribir profesor/-a	**horario** clases asignaturas	**examen** nota estudiar
pasear caminar calle	**Andes** montañas Sudamérica	**turismo** otros países viajar
emigrar extranjero trabajar	**salsa** baile Latinoamérica	**monumento** turístico antiguo
artículo leer periódico	**medio ambiente** naturaleza contaminación	**elecciones** votar partidos políticos

Yo nunca he ...

Actividad: Formad grupos de 3-4 personas y poned las quince estrellas en el centro de la mesa. Uno dice una frase que empieza con *"Yo nunca he..."*. Por ejemplo, "yo nunca he montado en globo". Si alguien en el grupo lo ha hecho, responde *"Yo, sí"* y añade una pequeña información, por ejemplo: "fue fantástico / genial / horrible...". A continuación, toma una de las estrellas. El primero que consiga cuatro estrellas gana el juego. Aquí tenéis unas sugerencias, pero proponed vuestras propias ideas. ¡Cuanto más locas o divertidas sean las cosas que (no) se han hecho, tanto mejor es el juego!

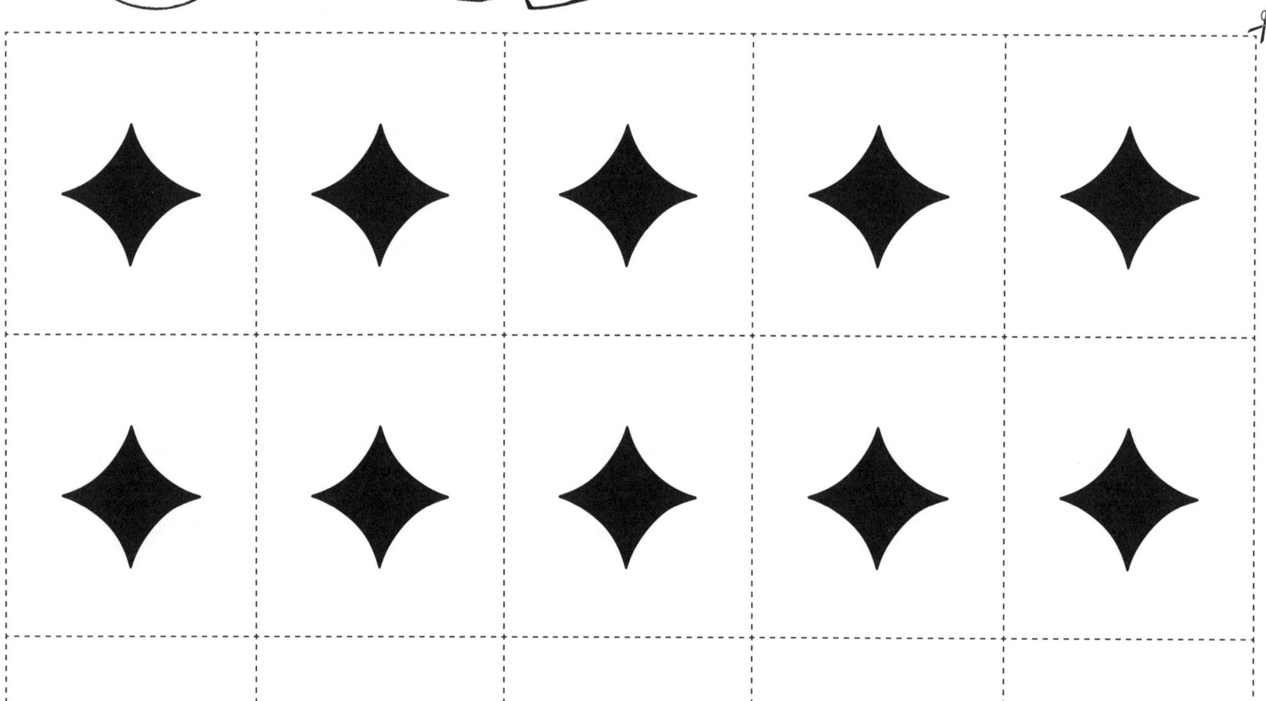

Había una vez... 3

Actividad: Vais a inventar una historia en grupos de cuatro a partir de las tarjetas con imágenes. Cada uno dice una frase utilizando uno de los dibujos. ¡Ojo! Hay que utilizarlos todos. Podéis ser creativos y cambiar o añadir dibujos.

Tarjeta 1:

Tarjeta 2:

"Esquéchame"

Actividad: Formad equipos de 4 personas. A partir de las imágenes tenéis que improvisar escenas cortas y divertidas *(sketches)*. Entre todos dais ideas para un pequeño diálogo divertido, pero solo podéis escribir palabras clave.

Dos personas son los actores y salen delante de la clase para representar su escena. El jurado está formado por una persona de cada equipo. Para la valoración existen los siguientes criterios:

a) La escena es divertida.
b) Los actores son espontáneos.
c) Lo he podido entender bien.

Los miembros del jurado otorgan por cada criterio una estrella (si lo cumple) o una nube (si no lo cumple). Al final gana el equipo que tenga más estrellas.

© 2019 Cornelsen Verlag GmbH. Alle Rechte vorbehalten. Die Vervielfältigung dieser Seite ist für den eigenen Unterrichtsgebrauch gestattet. Für inhaltliche Veränderungen durch Dritte übernimmt der Verlag keine Verantwortung.
Catalán/García/Schuett/Verrière · Binnendifferenzierte Sprechanlässe im Spanisch-Unterricht.
Illustrationen: Dorina Tessmann; Fußzeilen: Dorina Tessmann: Kaktus, Orange, La Sagrada Familia de Barcelona, Pyramide aus Chichen Itzá; stock.adobe.com/ylivdesign: Fächer, Gitarre und Fußball

Los porteros cotillas ...

Actividad: Recortad las tarjetas con los temas y metedlas en una bolsa. En grupos de cuatro, dos compañeros sacan una tarjeta y, sin que la vean los demás, se ponen a hablar de ese tema, pero de manera muy general. Los otros dos compañeros tienen dos minutos y tres intentos para tratar de adivinar de qué están hablando.

ser vegetariano/-a	**llevar ropa de marca**	**los exámenes**
las redes sociales	**tener novio/-a**	**el medio ambiente**

---------- dobla aquí ----------

Hablar de un tema de forma general

Hablar en general	Es un tema... muy actual. muy importante. con muchas facetas.	**Mostrar aprobación**	Me parece bien. Es un buen argumento/una buena idea. ¡Por supuesto que sí! ¡Evidentemente!
Dar la razón	Sí, tienes razón. Estoy completamente de acuerdo. Comparto tu opinión.	**Rechazar un argumento**	No comparto para nada tu opinión. ¡Qué va! ¡Para nada! ¡De eso nada!
Expresar desacuerdo	No, no es para tanto. Ay, no sé... No estoy de acuerdo.	**Expresar desconocimiento**	Pues no sé qué decirte... No tengo mucha idea. La verdad es que no sé... No me quiero mojar mucho...

Microcharlas locas

Instrucciones: Todos los alumnos escriben las dos primeras palabras que se les ocurran en dos pedacitos de papel. El profesor también puede escribir palabras, por ejemplo de la lección actual o de un campo semántico que quiera repasar. Después, se meten todos los papelitos en una bolsa y cada alumno saca uno. Cada estudiante tiene que hablar sobre el tema del papelito durante (aproximadamente) medio minuto.
Esta actividad se puede realizar tanto en grupos pequeños como en pleno.

- Mi palabra es ...
- La palabra ... me recuerda a ...
- (No) Me gusta ... porque ...
- ... es importante (hoy en día) porque ...

¿Hablamos?

Instrucciones: El profesor pide a los alumnos que se levanten y anden por el aula mientras suena música de fondo. Cuando para la música, los alumnos tienen que hablar con la persona que tienen delante durante un minuto a partir del estímulo/tema que proponga el profesor. Después, suena la música otra vez y los alumnos se separan y vuelven a pasear por el aula hasta que vuelve a parar la música y se repite el mismo procedimiento con otro tema.

Posibles ideas:

- ¿Qué súper poder te gustaría tener?
- Imagina que en tu teléfono móvil solo hay memoria para una canción: ¿cuál sería?
- ¿Qué acontecimiento deportivo recuerdas mejor y por qué?
- ¿Con qué película has reído más?
- ¿Qué persona famosa te gustaría invitar a tu cumpleaños?
- ¿Cuál es tu marca favorita de ropa y por qué?
- ¿Qué trabajo te gustaría hacer de mayor?

Los temas/estímulos pueden elegirse de acuerdo con ciertas estructuras gramaticales (pretérito perfecto, condicionales) o a ámbitos de vocabulario concretos.

NOTA: En el caso de que en el aula haya una pizarra digital se pueden proponer los temas a través de una ruleta interactiva.
En Internet existen muchas páginas que ofrecen estas herramientas de forma gratuita. Es una alternativa muy divertida, que activa a los alumnos.

An Gesprächen teilnehmen: *Juegos de rol y diálogos*

Beim dialogischen Sprechen geht es darum, die eigenen Redeabsichten situationsgemäß mitzuteilen, sich an die kommunikativen Erwartungen und Bedürfnisse der Gesprächspartner anzupassen sowie auf ihre Beiträge unmittelbar zu reagieren. Wenn dies in der Fremdsprache geschieht, stehen die Lernenden vor großen Herausforderungen, weil sie unter Zeitdruck Gedanken in der Fremdsprache formulieren, die Beiträge der anderen verstehen und darauf spontan antworten müssen.

Um die Schüler zur mündlichen Interaktion anzuregen und ihnen die notwendige Übung anzubieten, können die nachfolgenden *juegos de rol y diálogos* genutzt und folgendermaßen binnendifferenziert werden:

Die Schüler können:

- Unterstützungskarten (siehe Rucksacksymbol) nutzen.
- die „normale" oder die Variante „für die Tapfere" auswählen.
- sich streng oder flexibel an die Vorgaben der Aufgabenstellungen halten und so ihre individuellen Schwerpunkte setzen.
- sich in der Vorbereitungs- und in der Aufführungsphase gegenseitig unterstützen. So können leistungsschwächere Schüler von leistungsstärkeren lernen bzw. leistungsstärkere Schüler von ihrer Expertenrolle profitieren.

Die Dialoge können je nach Bedarf bzw. Vorliebe frei vor der Klasse vorgetragen, in Kleingruppen oder Partnerarbeit durchgeführt oder auch als Audio- oder Video aufgenommen werden. Durch die Kleingruppen- bzw. Partnerarbeit und die digitalen Aufnahmen könnten Schüler entlastet werden, die sich scheuen, frei vor der Klasse zu sprechen.

Ziel ist es, die Lernenden langsam an die spanischsprachige Interaktion untereinander heranzuführen. Dies kann nur erfolgen, wenn von der gängigen Praxis „Dialoge aufschreiben - auswendig lernen - vorspielen bzw. vorlesen" Abschied genommen wird.

Die Lernenden der unteren Jahrgänge können die Rollenspiele vorbereiten, indem sie sich zuerst Gedanken darüber machen, was sie sagen wollen, die Unterstützungskarten nutzen und eventuell den entsprechenden Wortschatz, falls nicht vorhanden, im Wörterbuch nachschauen. Diese Vorbereitungsphase kann auf Deutsch stattfinden. Wichtig ist es aber, dass die Schüler immer mehr angeregt werden, in der Aufführungsphase so frei wie möglich zu sprechen und nicht vorzulesen oder zu rezitieren. Dafür stehen den Schülern Kärtchen mit Sprechblasen (*bocadillos*, s. S. 51) zur Verfügung, auf denen sie die Schlüsselwörter aufschreiben können.

Als Abschluss können die *juegos de rol y diálogos* mithilfe der Feedback- und Reflexionsbögen (s. S 53 ff.) durch Lehrende und Lernende reflektiert werden. So können sprachliche und gruppendynamische Prozesse in den Blick genommen werden. Außerdem können Audio- und Videomaterialien im Anschluss genauer analysiert werden und Teil des eigenen Portfolios werden. Zur Differenzierung können auch ausgedruckte Sprechblasen (*bocadillos*) mit Stichwörtern genutzt werden. Die Lehrkraft unterstützt damit schwächere Schüler, indem sie Sprachgerüste/ Scaffolds anbietet. So erlebt jeder Schüler am Ende der *actividad* einen Lernerfolg.

Juego de rol / diálogo: Planeando una fiesta de cumpleaños

1, 2

SITUACIÓN:

Los amigos de Sandra quieren hacerle una fiesta de cumpleaños sorpresa y están organizando el trabajo. Aquí tenéis una lista con ideas, pero podéis añadir las vuestras.

Decisiones:
- dónde y cuándo hacer la fiesta
- qué comida y bebida preparar
- actividades para la fiesta
- quién compra/cocina/limpia
- ...

ACTIVIDAD:

1. Fase individual

Prepárate. ¿Qué ideas tienes para la fiesta? Apunta en los bocadillos solo cinco palabras clave.
Piensa lo que quieres decir con tus apuntes, pero sin aprenderlo de memoria.

Si eres valiente: prepara esta fase individual sin utilizar palabras de ayuda.

2. Fase en grupo (de 3 o 4)

Haced vuestras propuestas y reaccionad de forma adecuada a lo que dicen los demás.
Poneos de acuerdo.
También podéis grabar la conversación y revisarla después.

Si sois valientes: intentad mantener la conversación sin mirar los apuntes.

-- dobla aquí --

¿Dónde hacemos la fiesta?	• en mi/tu/su casa // en casa de... • en mi/tu/su jardín // en el jardín de... • en un bar • en un parquet	
¿Cuándo hacemos la fiesta?	• este fin de semana / el viernes / sábado / domingo • por la mañana/tarde/noche	
¿Qué comida y bebida preparamos?	tortilla, ensaladilla, tacos, sándwiches, bocadillos, patatas fritas, guacamole, madalenas... agua, horchata, zumo, ...	
¿Qué música ponemos?	rock, reguetón, hiphop, salsa, trap...	
¿Qué hacemos en la fiesta? **¿Qué quieres hacer tú?**	**jugar a ...** • verdad o consecuencia • tabú...	**hacer...** • una piñata • un karaoke • una fiesta pijama • un concurso de disfraces...

Juego de rol / diálogo: Un día normal en tu vida

1, 2

SITUACIÓN:

El curso escolar ha empezado y hay nuevos alumnos en clase. Queréis conoceros mejor y hacer algo juntos en el tiempo libre. Después de intercambiar informaciones sobre un día normal en vuestras vidas, proponéis hacer algo juntos.

Informaciones:

- ¿Qué haces por la mañana/por la tarde/después de la escuela?
- ¿Desde/Hasta qué hora tienes clase durante la semana?
- ¿Cuáles son tus asignaturas favoritas?
- ¿Cuáles son tus actividades de tiempo libre preferidas?

ACTIVIDAD:

1. Fase individual

Prepárate. ¿Sobre qué informaciones personales vas a preguntar? ¿Qué actividades quieres proponer para el tiempo libre?

Utiliza las ayudas para pensar lo que quieres decir. Apunta en los bocadillos solo cinco palabras clave.

Practica varias veces lo que quieres decir con tus apuntes.

Si eres valiente: prepara esta fase individual sin utilizar palabras de ayuda.

2. Fase en grupo (de 2 ó 3)

Preguntaos alternativamente qué hacéis en un día normal, haced vuestras propuestas de tiempo libre y poneos de acuerdo para hacer algo juntos.

También podéis grabar la conversación y revisarla después.

Si sois valientes: intentad mantener la conversación sin mirar los apuntes.

---------- dobla aquí ----------

¿Qué haces por la mañana / por la tarde / después de la escuela?	• desayuno... / almuerzo... / ceno... • tengo clase/entrenamiento • me levanto/ducho/visto... • ...
¿A qué hora...? **¿Cuáles son tus asignaturas favoritas?**	• a las... • tengo clase de (desde)... a (hasta)... • tengo entrenamiento los lunes/martes... a las... • Mis asignaturas favoritas/preferidas son... • Prefiero... / Odio... / No me gusta...
¿Qué te gusta hacer en tu tiempo libre?	Me gusta... • hacer deporte. • jugar con la consola. • escuchar música. • ...

Juego de rol / diálogo: Quiero tener una mascota

SITUACIÓN:

Es el cumpleaños de Alba y su madre le pregunta qué regalo quiere. Alba tiene muchas ganas de tener una mascota, pero sus padres no están de acuerdo. Ella intenta convencerlos.

un perro	un hámster	un periquito	un conejo

ACTIVIDAD:

1. Fase individual

Prepárate. ¿Cómo puedes convencer a tus padres o a tu hijo/-a? Utiliza las ayudas para pensar lo que quieres decir. Apunta en los bocadillos solo cinco palabras clave.

Practica varias veces lo que quieres decir con tus apuntes.

Si eres valiente: prepárate sin utilizar las palabras clave de los bocadillos.

2. Fase en grupo de 3

Mantened una conversación entre Alba y sus padres. Tratad de llegar a un acuerdo.

También podéis grabar la conversación y revisarla después.

Si sois valientes: intentad mantener la conversación sin mirar los apuntes.

---------- dobla aquí ----------

Preguntas útiles para pedir permiso:

- **¿Me dejáis tener ...? /¿Me permitís tener...?/¿Puedo tener...?**

Algunos argumentos que pueden ayudar:

Argumentos a favor de tener una mascota	Argumentos en contra de tener una mascota
· ser responsable · tener tiempo después de la escuela · adoptar, no comprar · ...	· piso pequeño · no tener tiempo · trabajar todo el día · ...

Razones para escoger una mascota (o no). Vocabulario útil.

sucio cariñoso caro
guardián de la casa
ruidoso divertido
bonito
enfermos a menudo
ocupa espacio silencioso

Juego de rol / diálogo: Me gusta tu estilo

1, 2

SITUACIÓN:

Sergio, María, Diana y Alejandro van a ir a la fiesta de fin de curso del instituto, pero no saben qué ropa llevar. Estos son sus gustos:

Sergio	Diana
· le gusta la ropa cómoda · le gustan los colores claros · su camisa favorita es amarilla	· le gusta la ropa informal · siempre tiene frío · odia el color amarillo
María	Alejandro
· le gustan mucho las lentejuelas (Pailletten) · su vestido favorito es negro · odia las sandalias	· le gusta la ropa elegante · quiere llevar corbata (Krawatte) · su color favorito es el blanco

ACTIVIDAD:

1. Fase individual

Prepárate para tu papel (Sergio, María, Diana o Alejandro). ¿Qué ropa quieres llevar? ¿Qué piensas de la ropa de los demás? ¿Qué sugerencias puedes hacer?

Apunta en los bocadillos solo cinco palabras clave.

Piensa lo que quieres decir con tus apuntes, pero sin aprenderlo de memoria.

Si eres valiente: prepara esta fase individual sin palabras de ayuda.

2. Fase en grupo

Mantened una conversación sobre la ropa que vais a llevar. Escuchad las ideas y sugerencias de los demás. ¿Aceptáis sus sugerencias o no?

También podéis grabar la conversación y revisarla después.

Si sois valientes: intentad mantener la conversación sin mirar los apuntes.

3. Fase en pleno

¿Quién lleva el mejor conjunto?

Yo creo que... lleva el mejor conjunto porque...

------------------------- dobla aquí -------------------------

Yo (no) quiero llevar ropa... Yo prefiero llevar ropa...	cómoda/elegante/informal...
En especial quiero llevar un/una... (No) es buena idea llevar un/una...	pantalón/vestido/camiseta/vaquero/camisa/falda chaqueta...
Porque... (no) me gusta el color (no) me gustan los tonos	azul/blanco/rojo/negro/amarillo/lila... claros/oscuros/brillantes...

Juego de rol / diálogo: Una excursión a Bilbao

1, 2, 8

SITUACIÓN:

Tus amigos y tú vais a pasar un día en Bilbao y estáis planeando las posibles actividades. ¿Podéis poneros de acuerdo en tres planes? Aquí tenéis unas ideas y en la tabla de abajo más información sobre algunos lugares.

Posibles actividades en Bilbao:

- visitar el Museo Guggenheim
- comer los famosos pintxos en el centro
- ir de compras
- visitar el Observatorio de aves de Urdaibai
- nadar en la playa, hacer surf o stand up paddle
- visitar el bosque mágico de Oma
- hacer senderismo y ver los acantilados
- visitar un típico pueblo marinero
- ver un partido de fútbol en el estadio San Mamés

Podéis buscar muchas más ideas adaptadas a vuestros gustos en internet.

ACTIVIDAD:

1. Fase individual

Prepárate. ¿Cuáles son tus tres planes favoritos para hacer en Bilbao? ¿Por qué?
Apunta en los bocadillos solo cinco palabras clave.
Piensa lo que quieres decir con tus apuntes, pero sin aprenderlo de memoria.

Si eres valiente: pasa directamente a la fase en grupo.

2. Fase en grupo (de 3 o 4)

Haced vuestras propuestas, reaccionad y poneos de acuerdo en tres planes.
También podéis grabar la conversación y revisarla después.

Si sois valientes: intentad mantener la conversación sin mirar los apuntes.

------------------------------ dobla aquí ------------------------------

El Museo Guggenheim • es uno de los museos más famosos del mundo. • - el edificio de titanio es impresionante. • tiene obras de arte vanguardistas.	**El bosque de Oma** • tiene árboles pintados de colores. • parece un museo en la naturaleza.
Los pintxos • son como las tapas. • son muy originales pero un poco caros. • están riquísimos.	**Mundaka** • parece un pueblo de piratas. • tiene una playa fantástica para hacer surf.
Getxo • es un pueblo típico de pescadores. • tiene playas muy bonitas. • tiene acantilados impresionantes.	**El Observatorio de aves de Urdaibai** • es como un "aeropuerto de pájaros". • es un lugar fantástico para aprender sobre la naturaleza.

Juego de rol / diálogo: Un recuerdo de la escuela

3, 8

SITUACIÓN:

Hablad con vuestros padres o abuelos en casa y preguntadles por su infancia en la escuela. Con los compañeros de clase vais a conversar y a haceros preguntas sobre los recuerdos que vuestra familia os ha contado. Es como un juego de detectives, en el que se trata de reunir mucha información sobre las familias de vuestros compañeros.

ACTIVIDAD:

1. Fase individual

Prepara primero las preguntas que quieres hacer a tu compañero. ¿Cómo eran los profes de sus padres/abuelos? ¿Tenían muchos deberes? ¿Qué hacían en el recreo?

Prepara después la información sobre tu familia que quieres explicar. Divide los temas: profes, amigos, recreo, deberes... (como en las preguntas que ya has preparado)

Utiliza las ayudas para pensar lo que quieres decir. Apunta en los bocadillos solo cinco palabras clave.

Practica varias veces lo que quieres decir con tus apuntes.

Si eres valiente: prepara la fase individual sin palabras de ayuda.

2. Fase en grupo (de 3 o 4)

Haced vuestras preguntas 2 ó 3 explicad vuestra información cuando os pregunten.

También podéis grabar la conversación y revisarla después.

Si sois valientes: intentad mantener la conversación sin mirar los apuntes.

3. Al final

Hablad en clase sobre las informaciones que os han gustado más/os han llamado más/os ha llamado más la atención y explicad por qué.

Lo que me ha gustado más es… porque… En mi opinión... Lo más interesante/bonito/emocionante/divertido es… porque...

-- dobla aquí --

tener profesores estrictos estar separados chicos y chicas en la escuela tener muchos deberes aprender de memoria hacer muchas excursiones al campo jugar con pelotas de cuero llevar pantalones cortos en invierno no tener calefacción pelearse durante el recreo estar castigado/-a ser travieso/-a

Juego de rol / diálogo: Una entrevista a personas influyentes

3, 8

SITUACIÓN:

Vais a representar una entrevista en la televisión con dos personas influyentes.
¿Seguís en las redes sociales (youtube, twitter, instagram) a alguna persona influyente (influencer, en inglés)? ¿De música, moda, deportes, videojuegos?
Haced una lista en clase. ¿A quién os gustaría entrevistar? Organizaos por grupos de cuatro según los intereses.

ACTIVIDAD:

1. Preparación

En cada grupo, dos son los entrevistadores y dos los influyentes. Decidid los temas de las preguntas (cinco sobre la vida privada y cinco sobre la vida profesional) pero ¡ojo! no las preguntas exactas.

- Los entrevistadores piensan las preguntas: pueden ser indiscretas, divertidas, emotivas, absurdas…
- Los influyentes intentan anticipar las preguntas y piensan qué cosas de su vida les gustaría contar y cuáles no.

También podéis buscar información sobre esas personas o ver entrevistas disponibles en internet.

Prepara tu papel: entrevistador (un poco más fácil) o influyente (un poco más difícil).
Apunta en los bocadillos solo cinco palabras clave.
Piensa lo que quieres decir con tus apuntes, pero sin aprenderlo de memoria.
Si eres valiente: prepara la fase individual sin palabras de ayuda.

2. Realización de la entrevista

Cada grupo realiza su entrevista.

Si sois valientes: intentad mantener la entrevista sin mirar los apuntes.
También podéis grabar la entrevista y revisarla después.

----------------------------------- dobla aquí -----------------------------------

Presentación	• ¡Buenos días! • Nuestros invitados hoy son … y … • Es un placer teneros aquí. ¡Bienvenidos!
Formas de preguntar/insistir	• Me gustaría saber… • Sí, pero, exactamente… • ¿Y qué puedes decir sobre…? • Nuestros espectadores quieren saber...
Formas de (evitar) responder	• ¡Ah, qué buena pregunta! La verdad es que... • Pues, si recuerdo bien fue... • Mmh, no quiero hablar de eso. • He hablado de eso ya en otras entrevistas y no quiero decir más.
Finalizar la entrevista	• Eso ha sido todo. • Muchas gracias por venir y responder a las preguntas. • ¡Hasta la próxima semana!

Juego de rol / diálogo: Cuéntame qué te pasó

3, 8

SITUACIÓN:

Pepa y José son dos personas muy gafes. ¡Y ayer tuvieron un día terrible! Hoy se encuentran para contarse qué les pasó: ¿Quién de los dos tuvo peor suerte?

Posibles desgracias:

- no oír el despertador/dormirse
- perder el móvil
- no poder abrir el candado de la bici
- resbalarse en la calle
- ...

ACTIVIDAD:

1. Preparación

Dividid la clase en "Pepas" y "Josés". En grupos de dos, pensad en posibles desgracias. Podéis utilizar las ideas de la lista y añadir otras nuevas.

2. Fase individual

Apunta en los bocadillos solo cinco palabras clave.

Piensa lo que quieres decir con tus apuntes, pero sin aprenderlo de memoria.

Si eres valiente: prepara la fase individual sin palabras de ayuda.

3. Fase en parejas

Formad parejas de Pepa y José. Contad qué os pasó. No olvidéis reaccionar a lo que os cuenta el otro/-a.

Cambiad de pareja por lo menos dos veces.

Podéis grabar las conversaciones y revisarlas después.

Si sois valientes: intentad mantener la conversación sin mirar los apuntes.

4. Fase en pleno

De las personas con las que has hablado, ¿quién tuvo la peor suerte? ¿Por qué?

--- dobla aquí ---

Introducir una información sorprendente	¿A que no sabes qué me pasó...? ¿Sabes qué? Ayer... ¡Es increíble lo que me pasó...?
Reaccionar con sorpresa, interés o empatía	¿Qué dices? ¡Qué mala suerte! ¿De verdad? ¡No es posible! ¡Yo también! ¡A mí también!
Pedir más información	¿Y después? ¿Y entonces, qué hiciste?
Quitar importancia	¡Eso no es nada! Yo... / A mí...

Juego de rol / diálogo: Así soy yo. Cosas que mueven o paran mi mundo.

6, 8

SITUACIÓN:

Hoy es tu primer día en una nueva escuela. Tu profesor quiere que todo el mundo se conozca mejor y os pide que, en pequeños grupos, habléis de vuestros intereses, gustos y emociones.

ACTIVIDAD:

1. Fase individual

Prepara primero las informaciones que quieres dar a tus compañeros. Para ordenar tus ideas, utiliza las tarjetas con las expresiones de emoción que tu profesor te dará (s. S. 51).

Prepara después qué quieres decir. Divide las emociones según sean positivas, negativas o neutrales.
Utiliza las ayudas para pensar lo que quieres decir. No olvides utilizar tanto frases con subjuntivo, como frases con infinitivo.
Apunta en los bocadillos solo 5 palabras clave y practica varias veces lo que quieres decir con tus apuntes.

Si eres valiente: prepara la fase individual sin palabras ni tablas de ayuda.

2. Fase de intercambio (ómnium)

Cuando escuchéis la señal que hará vuestro profesor, parad y hablad con la persona que esté enfrente. Cuando escuchéis de nuevo la señal, poneos en marcha de nuevo.

Si sois valientes: intentad mantener la conversación sin mirar los apuntes.

3. Al final:

¿Qué emociones se han repetido más entre vuestros compañeros?

Las emociones que más se han repetido entre mis compañeros y compañeras son … ¿Por qué crees que se repite?

-- dobla aquí --

Pedir información	• *Me gustaría saber qué…* te gusta / te pone contento/-a / te emociona… • *Querría saber qué …* te pone nervioso/-a / te da pena… • *Cuéntame qué…* te sorprende / te relaja / te da vergüenza…
Expresar gustos y emociones	• Me pone contento/-a / Me alegra / Me sorprende / Me gusta que… • Me enfada / Me da asco / Me pone nervioso/-a / Me pone de los nervios / Me pone triste / Me entristece que… • Me da miedo / Me da pánico / Me da pena que…
Fórmulas de sorpresa	• ¿En serio? • ¡Vaya! • ¡No me digas!
Expresiones de acuerdo	• Me pasa igual. • Para mí es lo mismo. • ¡Y que lo digas!

Juego de rol / diálogo: ¿Vamos de vacaciones a...?

1, 2, 8

SITUACIÓN:

Se acercan las vacaciones de verano y este año te gustaría ir a alguna parte con tus amigos y... ¡sin tus padres! Esta tarde has quedado con tu grupo de amigos para hablar sobre el lugar al que podríais ir y sobre las cosas que querríais hacer. Sabes que no todo el mundo estará de acuerdo desde el principio, así que tendréis que llegar a un acuerdo.

ACTIVIDAD:

1. Fase individual:

Piensa en el lugar al que te gustaría ir de vacaciones con tus amigos. Organiza tus ideas, para poder presentar tu propuesta a tus compañeros en la fase de grupo.
Piensa también en cómo rechazar las propuestas que no te interesen. También piensa en que tenéis que llegar a un acuerdo y prepara las frases que vas a necesitar. Utiliza las tablas de ayuda.

Prepara tu parte y escribe en los bocadillos cinco palabras clave que podrás utilizar en la fase de grupos.
Si eres valiente: prepara tu presentación sin utilizar las cinco palabras clave.

2. Fase en grupo

Ahora formad grupos de cuatro y mantened la discusión de manera improvisada (sin decidir quién habla, ni cuándo hay que hablar). Cada miembro presenta su propuesta de vacaciones y los otros reaccionáis de forma espontánea. No olvidéis llegar a un acuerdo.

También podéis grabar la conversación y revisarla después.
Si sois valientes: intentad mantener la conversación sin mirar los apuntes.

3. Al final:

¿Qué habéis decidido?

Hemos decidido que este año vamos a ir a... porque...

-- dobla aquí --

Preguntar por proyectos	• ¿Qué podríamos hacer estas vacaciones? • ¿Adónde podríamos ir/viajar estas vacaciones? • ¿Adónde tenéis ganas de ir este verano? • ¿Qué planes tenemos para las vacaciones?
Posibles actividades de vacaciones	• ir de camping / a un complejo turístico / de mochileros/-as / de turismo de fiesta • ir a la playa / a la montaña / a una isla • hacer el camino de Santiago / una ruta en bici • ir a esquiar / hacer vela / hacer submarinismo • hacer turismo verde/agrario • visitar ciudades modernas/antiguas

Juego de rol / diálogo: Buscando el amor ideal

SITUACIÓN:

Estás con tu grupo de amigos en una cafetería, charlando sobre chicos y chicas. Alguien propone crear perfiles para una app de amor entre adolescentes y todos pensáis que puede ser divertido… así que os preguntáis entre vosotros cómo sería vuestra persona ideal.

ACTIVIDAD:

1. Fase individual:

Piensa en cuáles son tus gustos y preferencias en relación con el aspecto físico y el carácter. ¿Cómo es tu persona ideal?

Puedes utilizar las tablas de vocabulario y no olvides las fórmulas para expresar gustos y preferencias que encontrarás en las tablas de ayuda.

Escribe en los bocadillos cinco palabras clave para la fase de grupos.

Si eres valiente: prepara la siguiente fase sin utilizar las palabras clave.

2. Fase en grupo

Ahora formad grupos de cuatro y mantened la discusión de manera improvisada (sin decidir quién habla, ni cuándo hay que hablar). Una de las personas del grupo lanza la primera pregunta a alguien: "X, explica cómo es tu persona ideal" y así se continúa la fase. Los otros miembros reaccionan durante las explicaciones y así se continúa hasta que todos hayan hablado sobre sus gustos.

También podéis grabar la conversación y revisarla después.

Si sois valientes: intentad mantener la conversación sin mirar los apuntes.

3. Al final:

¿Qué os ha llamado más la atención de la conversación?

Lo que me ha llamado más la atención en mi grupo es… porque…

--- dobla aquí ---

Expresar gustos y preferencias en general	• A mí me gustan las personas con… • Yo prefiero… • Tengo una debilidad por… • Mi persona ideal tienen que tener… • Las personas … me parecen irresistibles	**Expresar gustos y preferencias de forma específica**	• Busco/Prefiero a **una persona que + subjuntivo** • Quiero alguien **que + subjuntivo**

Juego de rol / diálogo: Hablando de mal de amores

5, 6, 8

ACTIVIDAD:

1. Fase individual:

Piensa en cómo te sentirías si tuvieras mal de amores. ¿Por qué has cortado con tu pareja? ¿Cómo te sientes ahora? Piensa también en qué consejos quieres dar a un/-a amigo/-a que tiene mal de amores. ¿Qué consejo le darías? Puedes utilizar las tablas de vocabulario para hablar de tus sentimientos o para dar/pedir consejo.
Escribe en los bocadillos 5 palabras clave para la fase de contacto.

Si eres valiente: prepara la siguiente fase sin utilizar las palabras clave.

2. Fase de contacto (ómnium)

Vuestro profesor va a daros una señal acústica para que os mováis por la clase. Cuando la señal pare, tenéis que hablar con la persona que tengáis delante. Uno de los dos dirá ¿Qué te pasa? y la otra persona le explicará su mal de amores. La otra persona le escucha y le da un consejo al final.
Vuestro profesor vuelve a daros la señal acústica y os volvéis a mover por la clase.

También podéis grabar la conversación y revisarla después.

Si sois valientes: intentad mantener la conversación sin mirar los apuntes.

3. Al final:

¿Qué problema/consejo os ha llamado más la atención?

El problema/consejo que me ha llamado más la atención es... porque...

----------------------------- dobla aquí -----------------------------

Hablar de sentimientos tristes	• Estoy fatal/depre. • Estoy hecha/o un desastre. • Tengo bajón. • Tengo un nudo en el estómago/la garganta. • Tengo el corazón roto. • Me siento fatal.	• No sé qué hacer. • No levanto cabeza. • No tengo ganas de nada. • Estoy apático/-a. • Estoy hecho/-a polvo.
Expresiones de ruptura	• He cortado/roto con... • Ya no salgo con... • X y yo somos historia. • He roto con... porque me ha puesto los cuernos.	
Consejos para superar la ruptura	• ¡Vas a salir adelante! • ¡Dale calabazas! • ¡Que se vaya a paseo! • Pasa de él/ella y...¡a otra cosa, mariposa! • Pasa de él/ella y... ¡con la música a otra parte! • ¡Vales mucho! Pasa de él/ella y no le hagas caso.	

Juego de rol / diálogo: Tengo bronca con mis padres

SITUACIÓN:
Sofía y Manuel son dos hermanos de 17 años. Últimamente discuten con sus padres por casi todo, por ejemplo:

- la hora de llegar a casa los fines de semana
- el dinero de paga mensual
- las notas / cuándo hacer los deberes
- sacarse el carnet de conducir con 17
- cuándo/cuánto/dónde usar el móvil
- apuntarse a un deporte caro o peligroso
- el futuro: seguir en el instituto, hacer una formación profesional o montar un negocio
- ir a estudiar un año en el extranjero

¿Se os ocurren más temas de discusión? ¿De qué discutís vosotros con vuestros padres?

ACTIVIDAD:
Formad grupos de cuatro y elegid un tema de los propuestos o uno propio. Representad una escena entre Sofía, Manuel y sus padres.

1. Preparación en parejas
Cada pareja por separado (Sofía y Manuel / los padres) busca argumentos para justificar su punto de vista. Utilizad las ayudas para pensar lo que queréis decir. Apuntad en los bocadillos solo cinco palabras clave. Practicad varias veces vuestros argumentos con los apuntes, pero sin aprenderlo de memoria.

Si eres valiente: prepara la siguiente fase sin utilizar las palabras clave.

2. Fase en grupo
Ahora juntaos los cuatro y mantened la discusión de manera improvisada (sin decidir quién habla, ni cuándo). ¿Es posible llegar a un acuerdo?
También podéis grabar la conversación y revisarla después.

Si sois valientes: intentad mantener la conversación sin mirar los apuntes.

--- dobla aquí ---

Cómo pedir algo (hijos)	• Queremos preguntaros/pediros algo… • ¿Sabéis? Un/amigo/-a nuestro/-a puede/tiene… • Nos gustaría…
Cómo negarse (padres)	• Ese tema ya lo hemos discutido antes. • Sabéis perfectamente que no es posible porque… • No, y no hay más que hablar.

Juego de rol / diálogo: Una entrevista de trabajo

SITUACIÓN:

Lee el siguiente anuncio. ¿Os interesa el trabajo?

> Hoteles PUERTA DEL SUR: Buscamos ***equipos*** de 3–4 jóvenes alemanes con experiencia como monitores de tiempo libre (para niños y adultos).
> Ofrecemos 4 semanas de alojamiento y comida gratis en nuestro hotel muy cerca de la playa.
> Trabajo 6 horas al día (de martes a domingo) en turnos de 2–3 horas.
> Sueldo: 300 por semana.
> Requisitos: conocimientos de español, experiencia, habilidades deportivas o artísticas

ACTIVIDAD:

1. Preparación

Dividid la clase en (mínimo) tres grupos.

Unos son los entrevistadores (un poco más fácil), los otros son grupos de candidatos (un poco más difícil).

- **El grupo de entrevistadores** prepara las preguntas: ¿Qué cualidades son necesarias en los candidatos? ¿Qué tipo de proyecto (deportes, juegos, manualidades, música, etc.) preferís para vuestro hotel?
- **Los grupos de candidatos** preparan su proyecto: ¿Qué sabe hacer cada uno? ¿Qué ideas tenéis para la animación en el hotel? ¿Cuál es vuestro punto fuerte (deportes, juegos, manualidades, música, etc.)?

Apuntad cada uno solo cinco palabras clave.

Practicad varias veces vuestros argumentos con los apuntes, pero sin aprenderlo de memoria.

Si eres valiente: prepara la siguiente fase sin utilizar las palabras clave.

2. Realización de la entrevista

El grupo de entrevistadores realiza la entrevista con los grupos de candidatos. ¿Qué proyecto es el más interesante?

Si sois valientes: intentad mantener la entrevista sin mirar los apuntes.
También podéis grabar la entrevista y revisarla después.

---------- dobla aquí ----------

Hablar de habilidades y conocimientos	saber…	bailar / nadar / hacer manualidades … jugar al fútbol/baloncesto…
	tener conocimientos de…	cuidado de niños animación de adultos deportes de aventuras
	tener experiencia en /con…	título de monitor de tiempo libre certificado de español e inglés de nivel…
Hablar del carácter y aptitudes	ser	creativo/-a, respetuoso/-a, responsable…

Zusammenhängendes monologisches Sprechen: Presentaciones

Beim zusammenhängenden monologischen Sprechen geht es darum, längere, logisch aufgebaute Redebeiträge adressatengerecht vor einem Publikum vorzutragen. Einen Sachverhalt verständlich zu erklären oder zu beschreiben bzw. über die einzelnen Aspekte eines Themas zu berichten, sind die komplexen Fertigkeiten, die von den Schülern abverlangt werden. Hierzu können die *actividades de calentamiento* wie *Había una vez* (s. S. 13), *Microcharlas locas* (s. S. 15) *o ¿Hablamos?* (s. S. 15) sowie die nachfolgenden *presentaciones* genutzt werden.

Die Schüler bekommen die Möglichkeit, sich in den *presentaciones* intensiv mit einer Aufgabe zu beschäftigen und diese in Partner- oder Einzelarbeit zu bearbeiten. Die Ergebnisse werden entweder zentral vor der Klasse oder dezentral in kleinen Gruppen präsentiert. Die Entscheidung, etwas zentral oder dezentral zu präsentieren, sollte von der Lehrkraft unabhängig von der Anleitung in den Aufgaben getroffen werden. In der Vorbereitungsphase können alle Gruppenmitglieder darauf hingewiesen werden, dass sie gleichermaßen an der Erarbeitung beteiligt sein sollen. Änderungen dürfen auch bewusst zugelassen werden, sodass Schüler je nach sprachlichem Niveau und individuellen Stärken einen Beitrag leisten und dadurch einen Lernerfolg erleben können. Grundsätzlich kann der Rucksack 9 zur Gestaltung einer Präsentation eingesetzt werden.

Die *presentaciones* können folgendermaßen binnendifferenziert werden:

Die Schülerinnen und Schüler können...

- Unterstützungskarten nutzen.
- sich in unterschiedlichem Maße an die Vorgaben der Aufgabenstellungen halten und so ihre eigenen individuellen Schwerpunkte setzen.
- sich in der Gruppenerarbeitung kooperativ unterstützen. So können leistungsschwächere Schüler von leistungsstärkeren lernen bzw. leistungsstärkere Schüler von ihrer Expertenrolle profitieren. Wichtig hierbei ist, dass Arbeitsprozesse reflektiert werden (siehe die Reflexionsbögen), damit der Lernprozess bei allen Schülern stattfinden kann.
- die *presentaciones* detailliert vorbereiten und dann vortragen oder eher freier halten.

Bei den meisten *presentaciones* bietet sich darüber hinaus an, diese mithilfe einer Computersoftware zu gestalten oder als Video zu drehen. Nachfolgend können die „Endprodukte" auf einer der Lehr-Lernplattformen der Schule bzw. auf einer kommerziellen Plattform im privaten Modus hochgeladen werden.

Presentación: Así es mi rutina diaria

SITUACIÓN:

¿Cómo es un día normal en vuestras vidas? ¿Tenéis muchas horas de clase? ¿Muchos deberes y poco tiempo libre?

ACTIVIDAD:

Por parejas vais a preparar una presentación sobre vuestra rutina diaria, para que vuestros compañeros os conozcan mejor. Podéis incluir también fotos y vuestro horario.

1. Preparación

Pensad qué vais a decir. Podéis incluir los siguientes aspectos o pensar en otros diferentes:

- rutina/rituales que tenéis en casa (hora de despertarse, ducharse, desayunar...)
- ¿Cómo vais al cole? (bus, bici, con vuestros padres en coche…)
- información sobre vuestro horario de clases (por la mañana, por la tarde, asignaturas favoritas, deberes…)
- vuestras actividades después de la escuela (entrenamiento, música, lenguas extranjeras…)
- ¿Qué os parece mejor/más duro en vuestro día y por qué?

Si sois valientes, podéis incluir este aspecto:

- Con más tiempo libre, ¿qué actividad de tiempo libre te gustaría* hacer?

2. Haced la presentación delante de vuestros compañeros.

Cada uno puede llevar unas notas, pero no leer todo.

Pensad en cómo repartir el tiempo de presentación. Cada persona de la pareja tiene que hablar. Necesitáis coordinaros muy bien, para no hacer una presentación monótona y aburrida.

Si eres valiente: intenta hacer tu parte sin notas.

3. Sesión de preguntas y respuestas para la clase

¿Queréis saber algo más sobre mis actividades o sobre los momentos difíciles de mi día? ¡Esta es vuestra oportunidad!

4. Feedback

Valorad las presentaciones de vuestros compañeros. Podéis utilizar la hoja de feedback (S. 55) como modelo.

**te gustaría: möchtest*

Presentación: La ciudad: antes y ahora

SITUACIÓN:

El mundo cambia a una velocidad muy rápida y ya no nos acordamos de cómo eran algunas ciudades hace pocos años.
Para evitar que se pierdan los recuerdos, vuestro profe os ha propuesto en clase un proyecto de memoria que lleva por título "La ciudad: antes y ahora". Se trata de presentar con imágenes y anécdotas cómo eran ciertas ciudades antes y cómo han cambiado hasta llegar a cómo son ahora.

ACTIVIDAD:

Por parejas, vais a buscar información sobre una ciudad que os guste, para explicar a la clase cómo era antes y cómo ha cambiado.

1. Preparación

Podéis incluir los siguientes aspectos o pensar en otros diferentes:

- habitantes antes y ahora
- calles y tiendas
- tradiciones, fiestas
- clubs deportivos
- actividades económicas (empresas que había o hay)
  tráfico (coches, bus, bicis…)

Pensad en el vocabulario y en los tiempos verbales (pasados, presente) que vais a necesitar.
Preparad una ayuda de vocabulario para vuestros compañeros.

Si sois valientes, podéis incluir este aspecto:

- En lugar de dar la ayuda de vocabulario, podéis explicar o parafrasear las palabras difíciles vosotros mismos.

2. Haced la presentación delante de vuestros compañeros o presentad vuestro vídeo.

Cada uno puede llevar unas notas, pero se trata de no leer.
Pensad en cómo repartir el tiempo de presentación. Cada persona de la pareja tiene que hablar. Necesitáis coordinaros muy bien, para no hacer una presentación monótona y aburrida.
Nota para el/la profe: Aquí se puede utilizar el método del pliegue mágico (Kniff mit dem Knick) para evitar que los alumnos lean su texto en voz alta.

Si eres valiente: intenta hacer tu parte sin notas.

3. Sesión de preguntas y respuestas para la clase

¿Queréis saber algo más sobre la ciudad? ¿Qué os han parecido los cambios? ¿La ciudad os gusta más antes o ahora? ¡Esta es vuestra oportunidad!

4. Feedback

Valorad las presentaciones de vuestros compañeros. Podéis utilizar la hoja de feedback (S. 55) como modelo.

Presentación: Consejos en mi Vlog

5, 9

SITUACIÓN:

El Instituto Cervantes organiza un concurso de videoblogs hechos por alumnos de español y queréis participar. La duración del vídeo es de 5-7 minutos y el tema es libre, así que podéis organizaros según vuestros intereses. La única condición es que trate de recomendaciones o consejos. Aquí tenéis algunas ideas:

- *moda: hacer un tutorial para combinar la ropa de manera adecuada*
- *música, libros, películas: recomendaciones sobre nuevas canciones, vídeos...*
- *deporte: ideas para estar en forma o cómo hacer un paso de baile (p. ej. zumba)*
- *...*

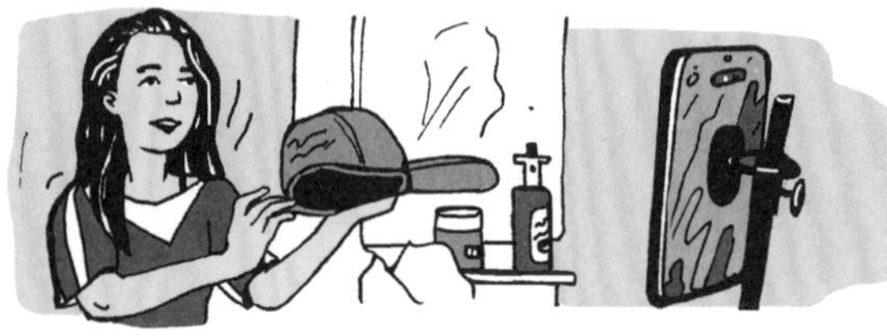

ACTIVIDAD:

1. Preparación

Formad grupos de 3-4 personas según vuestros intereses.

- Haced una lluvia de ideas sobre el tema escogido.
- Elegid los 10 consejos/aspectos más importantes.
- Pensad en una ayuda audiovisual para cada consejo: ¿Vais a hacer un dibujo? ¿Vais a representarlo vosotros? ¿Vais a incluir música?
- Preparad un saludo y una despedida adecuados para el vlog.

Pensad en el vocabulario y en cómo vais a formular los consejos o recomendaciones.
Preparad una ayuda de vocabulario para vuestros compañeros.

Si sois valientes, podéis incluir este aspecto:

- En lugar de dar la ayuda de vocabulario, podéis explicar o parafrasear las palabras difíciles vosotros mismos.

2. Haced la presentación delante de vuestros compañeros o presentad vuestro vídeo.

Cada uno puede llevar unas notas, pero no leer todo.
Pensad en cómo repartir el tiempo de presentación. Cada persona del grupo tiene que hablar. Necesitáis coordinaros muy bien, para no hacer una presentación monótona y aburrida.

Si eres valiente: intenta hacer tu parte sin notas.

3. Sesión de preguntas y respuestas para la clase

¿Queréis saber algo más sobre el tema presentado? ¡Esta es vuestra oportunidad!

4. Feedback

Valorad las presentaciones de vuestros compañeros. Podéis utilizar la hoja de feedback (S. 55) como modelo.

Presentación: Un libro o una película que me ha marcado

SITUACIÓN:

Todos tenemos un libro o una película que nos ha gustado especialmente. Esta es vuestra ocasión de compartirlo con los demás y hacer un poco de "publicidad". ¿Cuántos compañeros se animan a leer el libro o ver la película después de tu presentación?

ACTIVIDAD:

1. Preparación

Elige un libro o película que te haya gustado mucho.

Apunta (en forma de notas):

- los nombres de los principales personajes y las relaciones entre ellos
- una sinopsis (la situación y el conflicto principal, sin el final)
- qué pasa en una escena especialmente interesante
- ¿Por qué te gusta tanto?

Si preparas la presentación en casa o tenéis recursos digitales en el aula, puedes incluir imágenes, vídeos o música en la presentación.

Si prefieres, podéis preparar la presentación entre dos o tres compañeros.

2. Haz la presentación delante de los compañeros.

Puedes llevar unas notas, pero no leer todo.

Si eres valiente: intenta hacerlo sin notas.

3. Sesión de preguntas y respuestas para la clase

¿Queréis saber algo más sobre el libro o la película? ¡Esta es vuestra oportunidad!

4. Feedback

Valorad las presentaciones de vuestros compañeros. Podéis utilizar la hoja de feedback (S. 55) como modelo.

--- dobla aquí ---

Tipos de novelas/películas:	**Hablar del contenido**	**Valorar**
• de aventuras • de detectives • de suspense • de ciencia-ficción • de amor (romántica) • de fantasía (fantástica) • de historia (histórica)	• el/la protagonista es... • la acción tiene lugar en... • la historia trata de ...	La novela/película es... • divertida • emocionante • bonita • terrorífica • ... Me ha gustado/impactado porque...

Presentación: Un mundo mejor (o no)

SITUACIÓN:

¿Cómo os imagináis el mundo dentro de 100 años? ¿Será un mundo ideal? ¿Qué pasará con los objetivos del Desarrollo Sostenible, se cumplirán? ¿O el mundo será una distopía?

ACTIVIDAD:

1. Preparación

Formad grupos y haced una lluvia de ideas en torno a lo que pasará en los siguientes ámbitos (podéis hacer una selección):

- el medio ambiente
- el hambre
- el transporte
- el trabajo infantil
- los refugiados y las fronteras
- la salud y las enfermedades
- la igualdad de hombres y mujeres
- ...

Escoged 3–4 predicciones para cada ámbito y su justificación. También podéis basaros en novelas o películas distópicas que conozcáis. Escribid solo las palabras clave, no frases completas.
Si preparas la presentación en casa o tenéis recursos digitales en el aula, puedes incluir imágenes, vídeos o música en la presentación.

Preparad una ayuda de vocabulario para vuestros compañeros.
Decidid también un **nombre** para vuestro mundo del futuro.

2. Presentad vuestras predicciones para el futuro.

Cada uno puede llevar unas notas, pero no leer todo.
Pensad en cómo repartir el tiempo de presentación. Cada persona del grupo tiene que hablar. Necesitáis coordinaros muy bien, para no hacer una presentación monótona y aburrida.

Si eres valiente: intenta hacer tu parte sin notas.

3. Feedback

Valorad las presentaciones de vuestros compañeros. Podéis utilizar la hoja de feedback (S. 55) como modelo.

------------------------------ dobla aquí ------------------------------

Hacer predicciones	• El mundo será / tendrá / se caracterizará por... • En el futuro habrá... • Las personas / Los hombres / Las mujeres/ Los niños (no) harán...
Expresar causa	Debido a ... + sustantivo Dado que... + verbo Como consecuencia de + sustantivo
Expresar consecuencia	Por eso / Por esa razón... Entonces... Por tanto...

Presentación: Intercambios en el extranjero

Este bloque está dividido en dos temas complementarios. Sin embargo, estos pueden ser tratados de forma conjunta (antes/después) o independiente, según la elección del profesor.

a. ¿Qué tener en cuenta cuando voy de intercambio?

SITUACIÓN:

Hace poco tiempo que has vuelto de tu intercambio en España / América Latina. Ha sido una buena experiencia y querrías compartir con tus compañeros las expectativas que tenías antes del viaje y, de paso, darles algunos consejos.

ACTIVIDAD:

1. Preparación

En parejas, podéis preparar la presentación en casa, grabarla y verla con vuestra clase. También os podéis preparar en casa, con ayuda de fotos, trípticos, desplegables y otros materiales visuales y presentar a vuestros compañeros vuestro trabajo en clase (con pósteres o de forma digital).

Haced una lista con:

- las cosas más importantes que os tenéis que llevar.
- los aspectos culturales y prácticos en los que tenéis que pensar antes de viajar. Ya sabéis que las costumbres son diferentes en cada país.
- cómo os sentíais antes del viaje.

Pensad en el vocabulario y en los tiempos verbales que vais a necesitar para la presentación.
Haced una lista de ayuda de vocabulario para la clase.
Cada miembro de la pareja puede hacer unas notas con ideas clave para la presentación. ¡Ojo! No se trata de leer, sino de explicar.

2. Haced la presentación delante de vuestros compañeros o presentad vuestro vídeo.

Pensad en cómo repartir el tiempo de presentación. Cada persona de la pareja tiene que hablar. Necesitáis coordinaros muy bien, para no hacer una presentación monótona y aburrida.

Si sois valientes, podéis incluir este aspecto:

- En lugar de dar la ayuda de vocabulario, podéis explicar o parafrasear las palabras difíciles vosotros mismos durante la presentación.

3. Sesión de preguntas y respuestas para la clase.

¿Queréis saber algo más sobre el intercambio? ¿Estáis pensando hacer un intercambio? ¿La presentación os ha ayudado?

4. Feedback

Valorad las presentaciones de vuestros compañeros. Podéis utilizar la hoja de feedback (S. 55) como modelo.

Algunos aspectos que podéis tratar en vuestra presentación:

Cosas que te tienes que llevar, en función del país al que vayas	• adaptador para enchufe • repelente de mosquitos • chubasquero • abrigo de invierno • botas de montaña • tarjeta sanitaria • pasaporte • carné de estudiante internacional • …
Aspectos culturales y prácticos, en función del país al que vayas	• horarios diferentes (de comida, de clase, de comercios…) • cuándo dar propina • cómo saludar (dos besos, un beso…) • tutear y tratar de usted • las comidas: desayuno, almuerzo, merienda y cena. • cómo celebra la gente (fiestas mayores, botellón…) • la música • varias lenguas oficiales

Describir estados de ánimo	• estar nervioso/-a • estar estresado/-a • estar agobiado/-a / estar saturado/-a • ir de bólido con las preparaciones • estar cagado/-a • estar a la expectativa / estar impaciente • estar a la espera

b. ¿Qué he vivido y cómo he cambiado después de mi intercambio?

SITUACIÓN:

Hace poco tiempo que has vuelto de tu intercambio en España / América Latina. Ha sido una buena experiencia y querrías compartir con tus compañeros de clase lo que has vivido y reflexionar con ellos/-as sobre la primera experiencia lejos del hogar.

ACTIVIDAD:

1. Preparación

En parejas, podéis preparar la presentación en casa, grabarla y verla con vuestra clase. También os podéis preparar en casa, con ayuda de fotos, trípticos, desplegables y otros materiales visuales, y presentar a vuestros/-as compañeros/-as vuestro trabajo en clase (con pósteres o de forma digital).

Haced una lista con:

- algunos datos históricos y sociales del país en el que habéis estado.
- algunos de los monumentos/lugares que habéis visitado y más os han impactado.
- los aspectos culturales y las costumbres del país que más os han marcado.
- los aspectos de vuestra personalidad que más han cambiado.
- una reflexión general sobre vuestra experiencia.

Pensad en el vocabulario y en los tiempos verbales que vais a necesitar para la presentación.

Haced una lista de ayuda de vocabulario para la clase.

Cada miembro de la pareja puede hacer unas notas con ideas clave para la presentación. ¡Ojo! No se trata de leer, sino de explicar.

2. Haced la presentación delante de vuestros compañeros/-as o presentad vuestro vídeo.

Si sois valientes, podéis incluir este aspecto:

En lugar de dar la ayuda de vocabulario, podéis explicar o parafrasear las palabras difíciles vosotros/-as mismos/-as, durante la presentación.

3. Sesión de preguntas y respuestas para la clase.

¿Queréis saber algo más sobre el intercambio? ¿Estáis pensando hacer un intercambio? ¿La presentación os ha ayudado?

4. Feedback

Valorad las presentaciones de vuestros compañeros. Podéis utilizar la hoja de feedback (S. 55) como modelo.

--- dobla aquí ---

Hablar sobre la personalidad	
• ser más paciente • apreciar lo que se tiene • ser agradecido/-a • ser (más) respetuoso/-a • ser (más) organizado/-a • …	• haber madurado, ser maduro/-a • ser (menos) inocente que antes • ser (menos/más) confiado/-a que antes • ser (más/menos) abierto/-a • ir con pies de plomo • tener cuidado • ser más responsable

Presentación: Soy diferente y me gusto

SITUACIÓN:

Todo el mundo conoce a alguien que haya sido objeto de burlas o, incluso, de acoso en la escuela o en su entorno. A menudo es debido al hecho de que se es diferente, lo que puede llevar al rechazo y a no quererse. Esta actividad busca todo lo contrario: apreciar la diferencia y sentirse orgulloso de ser diferente.

1. Preparación

En parejas o individualmente vais a preparar en casa una presentación sobre el tema "ser diferente". Podéis grabar vuestra presentación y verla en clase, o prepararla y presentarla en clase con ayuda de pósters, documentos visuales o una presentación digital.

Organizad la presentación:

- Haced una lista con los aspectos positivos y negativos de ser diferente, desde vuestro punto de vista.
- Haced una lista con aquellos aspectos que os hagan diferentes (estilo, personalidad, físico) y reflexionad por qué os gustan. Si hay algo que no os guste, también podéis explicarlo.
- Presentad brevemente a personas famosas que también son/eran diferentes. Explicad por qué os gustan.
- Pensad en una frase final que resuma vuestra idea de que ser diferente no es malo, sino todo lo contrario.

Pensad en el vocabulario y en las expresiones que vais a necesitar.
Haced una lista de ayuda de vocabulario para vuestros compañeros.

Cada miembro de la pareja puede hacer unas notas con ideas clave para la presentación. ¡Ojo! No se trata de leer, sino de explicar.

2. Haced la presentación delante de vuestros compañeros o presentad vuestro vídeo.

Si sois valientes, podéis incluir este aspecto:

- En lugar de dar la ayuda de vocabulario, podéis explicar o parafrasear las palabras difíciles vosotros mismos durante la presentación.

3. Sesión de preguntas y respuestas para la clase.

¿Creéis que ser diferente es bueno/malo? ¿Por qué? ¿La presentación os ha ayudado a reflexionar sobre el tema?

4. Feedback

Valorad las presentaciones de vuestros compañeros. Podéis utilizar la hoja de feedback (S. 55) como modelo.

Diferencias de aspecto físico	• tener acné • llevar gafas/ortodoncia/corsé • llevar el pelo corto/largo • tener la nariz grande • estar demasiado flaco/-a • estar gordo/-a • ser demasiado alto/-a, bajito/-a • tener una voz especial	**Diferencias de estilo**	• ser gótico/-a • ser emo • llevar ropa de gamer • no llevar ropa de marca • llevar ropa clásica/infantil • llevar un peinado diferente (pelo de colores, cresta, cabeza rapada…) • llevar piercings • estar tatuado/-a
Rasgos de personalidad	• ser introvertido/-a • ser tímido/-a • pasarlo mal delante de la gente • no controlar sus cambios de ánimo	**Expresiones de motivación / para relativizar**	• no pasa nada • no se acaba el mundo • mañana será otro día • no hay mal que por bien no venga

Tarjetas de ayuda, Bewertungs- und Reflexionsbögen

Nachfolgend werden sprachliche Hilfestellungen (*tarjetas de ayuda*) vorgestellt.
Es werden Unterstützungen in den Bereichen *lengua* und *metodología* angeboten. Da die Unterstützungen auch für andere Kontexte mehrfach genutzt werden können, bietet es sich an, die einzelnen Karten auszuschneiden und zu laminieren. So können die Schüler immer wieder darauf zurückgreifen. Die Aufgaben verweisen anhand des Rucksacksymbols und der darauf notierten Zahl auf die Unterstützung, auf die in der jeweiligen Aktivität hingewiesen wird.
In der Kategorie *recursos lingüísticos* werden sprachliche Hilfestellungen bezüglich der Sprechabsichten gegeben.
In der Kategorie *metodología* werden sowohl die *bocadillos* (Sprechblasen, um Schlüsselwörter zu notieren) als auch eine Karte zur Vorbereitung der Präsentationen angeboten.

Folgende Unterstützungen stehen zur Verfügung:

1	hacer propuestas o sugerencias, aceptar y rechazar
2	hablar de gustos, intereses y preferencias
3	secuenciar acontecimientos (del pasado)
4	dar y rebatir argumentos
5	dar consejos
6	hablar de sentimientos y expresar emociones
7	abanico de expresiones
8	bocadillos (tarjetas para apuntar palabras clave)
9	preparar una presentación
10	dar un feedback oral (general, acuerdo, desacuerdo)
11	„Describir el físico / el carácter“

Schließlich folgt die Kategorie der Feedback- und Reflexionsbögen. Hier werden Impulsfragen für das Feedback unter Schülern, aber auch für die Lehrkraft als Hilfestellung für die Rückmeldung der Schülerleistungen aufgelistet.

Reflexionsbogen die Teilnahme an Gesprächen
Reflexionsbogen für Präsentationen
Feedbackbogen für Präsentationen – für meine Mitschüler
Feedbackbogen Lehrer und Schüler: An Gesprächen teilnehmen
Feedbackbogen Lehrer und Schüler: Präsentation

Tarjetas de ayuda

Recursos lingüísticos: Hacer propuestas, aceptar y rechazar 1

Hacer propuestas	**Aceptar**	**Rechazar**
Podemos + infinitivo… ¿no? ¿Por qué no…? ¿Qué tal si...? Una idea es... Una posibilidad es… He pensado que podemos + infinitivo Me gustaría + infinitivo ¿Tienes/Tenéis ganas de + infinitivo...? ¿Quieres/Queréis + infinitivo...?	¡Vale! ¡Buena idea! ¡Guay! ¡Genial! ¡Me parece bien/genial! Bueno, ¿por qué no?	¡No! ¡Qué va! ¡Vaya rollo! Es muy aburrido. No es una buena idea. No me parece bien. Prefiero + infinitivo... No me apetece + infinitivo No tengo ganas de + infinitivo No puedo, es que… Paso… No me convence… Ay, no sé… No estoy de acuerdo/-a/convencido/-a

✂---

© 2019 Cornelsen Verlag GmbH. Alle Rechte vorbehalten. Die Vervielfältigung dieser Seite ist für den eigenen Unterrichtsgebrauch gestattet.
Für inhaltliche Veränderungen durch Dritte übernimmt der Verlag keine Verantwortung.
Catalán/García/Schuett/Verrière · Binnendifferenzierte Sprechanlässe im Spanisch-Unterricht.
Illustrationen: Dorina Tessmann; Fußzeilen: Dorina Tessmann: Kaktus, Orange, La Sagrada Familia de Barcelona, Pyramide aus Chichen Itzá; stock.adobe.com/ylivdesign: Fächer, Gitarre und Fußball

Recursos lingüísticos: Hablar de gustos, intereses y preferencias 2

Hablar de los gustos propios	**Mostrar acuerdo**	**Mostrar desacuerdo**	**Expresar sorpresa**
Me gusta/n + sustantivo Me gusta + infinitivo	Sí, a mí también. ¡Y a mí! ¡Como a mí!	A mí no/nada. Nada de nada. Para nada.	¿En serio? ¡No me digas! ¡Nunca lo habría dicho!
Me encanta/n + sustantivo Me encanta + infinitivo	Oye, pues en este punto coincidimos.		¡Mira por dónde! ¿De verdad?
Tengo ganas de + infinitivo	¡Yo también! Tenemos el mismo gusto.	¡Yo no! Prefiero + infinitivo	

Recursos lingüísticos: Situar acontecimientos en el pasado 3

Adverbios y locuciones para situar acontecimientos del pasado	
· un día · una vez · entonces · de repente · en aquel momento	· antes · en aquella época · por aquel entonces
Adverbios y locuciones para hablar de la frecuencia	
· cada día · a menudo · siempre · todos los días, meses, años… · muchas veces	

¿INDEFINIDO O IMPERFECTO?	
INDEFINIDO	IMPERFECTO
· acción realizada hasta el final · acción puntual · acción que interrumpe una acción en desarrollo · cadena de acciones	· acción que se está realizando en el pasado, no acabada · acción que se repite de forma periódica · descripción de situaciones y características en el pasado

✂- -

Recursos lingüísticos: Dar y rebatir argumentos 4

Introducir un argumento a favor	**Introducir desacuerdo (parcial) o duda**
Hoy día todo el mundo / todos mis amigos… No hay nada malo en… Yo soy una persona responsable y… Me he portado bien y por eso… No es tan caro como parece porque… Puedo hacerlo, soy mayor/responsable…	No, eso no es una razón. Tienes razón en parte, pero… Ya, pero… Ay, no sé, porque… No estoy convencido/-a. / No lo tengo claro. Me lo voy a pensar.

✂- -

Recursos lingüísticos: Dar consejos 5

Pedir consejos	· ¿Qué harías en mi lugar? · ¿Cómo salgo de esta? · Dime, ¿qué puedo hacer?
Dar consejos	· Yo, en tu lugar + condicional · Yo que tú + condicional · Te aconsejo que + subjuntivo · Mira, lo mejor que puedes hacer es…

© 2019 Cornelsen Verlag GmbH. Alle Rechte vorbehalten. Die Vervielfältigung dieser Seite ist für den eigenen Unterrichtsgebrauch gestattet. Für inhaltliche Veränderungen durch Dritte übernimmt der Verlag keine Verantwortung. Catalán/García/Schuett/Verrière · Binnendifferenzierte Sprechanlässe im Spanisch-Unterricht. Illustrationen: Dorina Tessmann; Fußzeilen: Dorina Tessmann; Kaktus, Orange, La Sagrada Familia de Barcelona, Pyramide aus Chichen Itzá; stock.adobe.com/ylivdesign: Fächer, Gitarre und Fußball

© 2019 Cornelsen Verlag GmbH. Alle Rechte vorbehalten. Die Vervielfältigung dieser Seite ist für den eigenen Unterrichtsgebrauch gestattet. Für inhaltliche Veränderungen durch Dritte übernimmt der Verlag keine Verantwortung. Catalán/García/Schuett/Verrière · Binnendifferenzierte Sprechanlässe im Spanisch-Unterricht. Illustrationen: Dorina Tessmann; Fußzeilen: Dorina Tessmann; Kaktus, Orange, La Sagrada Familia de Barcelona, Pyramide aus Chichen Itzá; stock.adobe.com/ylivdesign: Fächer, Gitarre und Fußball

Recursos lingüísticos: Hablar de sentimientos y expresar emociones

Uso el subjuntivo cuando expreso mis emociones/gustos	• Fórmula introductora + que + verbo *Ejemplo: Me da rabia que la gente tire los papeles al suelo.* ¡Ojo! Utilizamos el subjuntivo solo cuando los sujetos a izquierda y derecha del **que** son diferentes.
Uso del infinitivo para expresar gustos/emociones	*Utiliza el infinitivo solo cuando el sujeto sea el mismo a izquierda y derecha del que.* *Ejemplo:* *me da vergüenza ~~que yo cante en público~~ --> me da vergüenza cantar en público*

TARJETAS CON FÓRMULAS DE EMOCIÓN

me alegra 	me sorprende 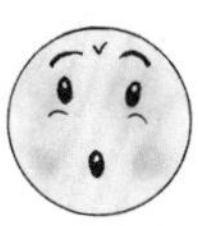	me enfada 	me da vergüenza 
me pone nervioso/-a 	me da pena/me entristece 	me relaja 	me pone contento/-a 
me pone de los nervios 	me da asco 	me da igual 	me da pánico 

Recursos lingüísticos: Abanico para estructurar una presentación

Instrucciones: Fotocopiad y plastificad la página. A continuación, cortad cada tira de papel y hacedles un agujero en un extremo. Finalmente, juntad todas las tiras con un hilo para poder extender el "abanico".

X	Para empezar, quiero decir que...
X	En primer/segundo/tercer lugar...
X	El siguiente punto/aspecto es...
X	Lo que estoy/estamos diciendo es que...
X	Lo que quiero/queremos subrayar es que...
X	En mi/nuestra opinión...
X	Creo/Creemos que...
X	Como he/hemos subrayado ya...
X	Finalmente...
X	Resumiendo / Para resumir...
X	En conclusión, quiero/queremos decir que...

Bocadillos (tarjetas para apuntar palabras clave) 8

Metodología: Preparar una presentación 9

Preparación	Visualización	Presentación
· Organiza tus ideas individualmente (lluvia de ideas, mapa mental). · Divide tus ideas por temas y aspectos positivos y/o negativos. · Utiliza tarjetas de apuntes/bocadillos para apuntar las ideas clave. · Intercambiad las ideas en el grupo/con tu pareja. · Decidid en el grupo cuáles son los puntos principales y cuáles los secundarios. · Repartíos las tareas que tiene que hacer cada uno (búsqueda, redacción, control de errores, de tiempo…). · Ayudaos entre vosotros, en el caso de que haya diferencias de nivel dentro del grupo. ¡Tenéis un objetivo común!	· Preparad un póster conceptual con frases clave, fotografías y/o dibujos, que os ayudarán a presentar el tema. No escribáis un texto en los pósters… · Si hacéis una presentación digital, aseguraos de que la letra y las fotografías se ven bien. · Utilizad colores y animaciones en la presentación digital, pero no en exceso.	· Empezad presentando al público el título y un guion claro y conciso de vuestra presentación. · Para que la presentación no sea monótona, alternaos, que no hable siempre la misma persona. · Aseguraos de que habéis repartido bien el tiempo de presentación entre todos los miembros del grupo. ¡Todos tienen que hablar el mismo tiempo! · Si tenéis tiempo, haced una pausa intermedia, para asegurar que el público os sigue. · Presentad las ideas de forma clara y lógica y dad ejemplos. · Acabad la presentación con un resumen del contenido y, si es posible, con un turno de preguntas.

✂ -

Dar feedback oral a los comapañeros tras una presentación 10

A continuación tienes ejemplos de fórmulas de opinión que te ayudarán a dar un feedback oral y constructivo a tus compañeros, después de una presentación.

Feedback general
- Desde mi punto de vista / En mi opinión / A mi parecer / Considero que tu/vuestra presentación…
  - (no) ha sido buena/interesante/convincente, porque / ya que …
  - (no) ha estado muy bien, porque / ya que…
- (No) he conseguido seguir la presentación porque…
- (No) encuentro vuestra presentación muy enriquecedora porque / ya que…
- (No) os habéis organizado bien los temas / el tiempo de presentación, y por eso la presentación era fácil/difícil de...
- (No) habéis hecho suficientes pausas / dado suficientes ejemplos, y por eso (no) he podido seguir la presentación hasta el final.

Feedback de contenido
- (No) no habéis argumentado bien, y vuestras razones (no) eran lógicas.
- Algunos de vuestros argumentos son difíciles de demostrar / son erróneos …
- (No) habéis ido al grano y la temática estaba muy clara.
- Os habéis ido por las nubes y vuestro desarrollo era confuso.

Feedback de visualización
- Las imágenes (no) acompañaban muy bien la exposición y (no) eran pertinentes.
- Vuestra presentación digital ha sido correcta, sin exceso de animaciones. No me he distraído y he podido seguir, de forma concentrada.

Feedback con desacuerdo	• El punto… no acaba de convencerme. Quizás podrías... • Creo que podríais desarrollar más el argumento... • Os habéis perdido demasiado en los detalles. • No consigo entender / No me queda claro el sentido de vuestra presentación.
Feedback de acuerdo	• Me identifico con la mayoría de vuestros argumentos. • He vivido algo parecido y por eso la presentación me ha parecido interesante. • Os habéis esforzado mucho por exponer de forma clara, y ha valido la pena.

11

Describir el físico

✓ ser rubio/-a, moreno/-a, castaño/-a (también podéis decir: tener pelo…)
✓ ser alto/-a, bajito/-a
✓ tener estatura media
✓ tener ojos azules/marrones/verdes/grises/pardos
✓ tener ojos grandes/pequeños/expresivos
✓ tener buen tipo / buena planta
✓ estar delgado/-a, estar gordo/-a (es más amable decir gordito/-a, rellenito/-a)
✓ ser guapo/-a, ser del montón
✓ llevar barba/bigote/perilla/gafas/piercings
✓ tener tatuajes, estar tatuado/-a
✓ llevar/tener el pelo largo/corto/teñido (amer.: pintado)
✓ llevar media melena
✓ tener el pelo liso/rizado, ser calvo

Describir el carácter

✓ ser extrovertido/-a/introvertido/-a/tímido/-a/abierto/-a
✓ tener don de gentes
✓ ser simpático/-a/antipático/-a/desagradable
✓ ser paciente/impaciente/comprensivo/-a
✓ ser flexible/sencillo/-a
✓ ser cabezón/-a
✓ ser organizado/-a
✓ ser cariñoso/-a
✓ ser bien educado/-a
✓ ser culto/-a/deportista
✓ ser aventurero/-a
✓ ser un/-a fiestero/-a

Reflexions- und Feedbackbögen

Reflexionsbogen für die Teilnahme an Gesprächen

	☺	😐	☹
Wir haben die Aufgabe erfüllt.			
Wir haben uns alle ungefähr im selben Maße beteiligt.			
Wir haben fast immer Spanisch gesprochen.			
Wir haben Rückfragen gestellt.			
Wir haben nachgefragt, wenn wir etwas auf Spanisch nicht sagen konnten.			
Wir haben etwas wiederholt oder erklärt, wenn jemand etwas nicht verstanden hat.			
Wir haben Kommentare zu den Beiträgen der Mitschüler gemacht.			
Wir haben mit Signalen wie *sí, hm, ya…* gezeigt, dass wir uns aufmerksam zuhören.			
Wir haben ohne zu viele Pausen zwischen unseren Redebeiträgen gesprochen.			

Uns ist besonders gut gelungen…

Was wir noch besser machen könnten, ist…

Wir haben heute folgendes gelernt:

Reflexionsbogen für Präsentationen

	☺ 😐 ☹ + **Kommentar**
Das Thema war interessant.	
Die Präsentation hat gut funktioniert.	
Die Präsentation hat mir Spaß gemacht.	
Mir/Uns ist besonders gut gelungen...	
Die Arbeit und das Vortragen mit den anderen hat gut funktioniert.	
Ich konnte zeigen, was ich auf Spanisch kann.	
Besonders leicht fand ich...	
Besonders schwierig fand ich...	
Wenn jemand Schwierigkeiten in der Vorbereitung hatte, gab es Hilfestellungen.	
Ich weiß jetzt mehr zum Thema als vorher.	
Ich habe Lust bekommen, noch mehr über das Thema zu lernen.	
Bei der nächsten Präsentation muss ich / müssen wir darauf achten...	

Feedbackbogen für Präsentationen – für meine Mitschüler

Von deiner Präsentation haben mir diese drei Aspekte am meisten gefallen:

1. ____

____

____

2. ____

____

____

3. ____

____

____

Was du für nächstes Mal besser machen/vorbereiten/üben solltest, ist...

____

____

____

____

____

____

____

____

____

Feedbackbogen Lehrer und Schüler: An Gesprächen teilnehmen

NAME: ______________ ***JUEGO DE ROL O DIÁLOGO:*** ______________

TEILNAHME

Der Schüler...

	☺	😐	☹
trägt mit relevanten Redebeiträgen zum Gespräch bei.			
zeigt Initiative beim Sprechen (wartet nicht, bis er gefragt wird).			
vervollständigt die Beiträge der anderen, wenn diese Hilfe brauchen.			
zeigt Aufmerksamkeit, Interesse und reagiert angemessen auf die Beiträge der Mitschüler.			

Am Gespräch...

	☺	😐	☹
beteiligen sie sich alle Schüler gleichmäßig.			

KOOPERATION

Der Schüler...

	☺	😐	☹
verbessert sich wenn nötig.			
fragt nach, wenn etwas nicht klar war.			
fragt um Hilfe, wenn nötig.			
bietet Hilfe an, wenn nötig.			

Feedbackbogen Lehrer und Schüler: Präsentation

Name:	Präsentation:
	Kommentar
Sprache	
große Auswahl an Wortschatz und sprachlichen Mitteln	
klare Aussprache, gute Intonation	
Inhalt	
Das Thema wurde im angemessenen Umfang recherchiert/vorbereitet.	
Die ausgewählten Inhalte sind für das Publikum interessant.	
Schwierige bzw. neue Begriffe wurden den Mitschülern gut erklärt.	
Struktur	
Die Präsentation ist für alle nachvollziehbar in Teile gegliedert.	
Präsentationskompetenz	
angemessene Lautstärke	
Visualisierung bzw. Einsatz audiovisueller Elemente	
Einbezug der Zuhörer	